Herderbücherei Band 1380

Über das Buch

Lachen ist menschlich, so heißt es. Ob auch Engel und ihre „getrennten Brüder" etwas zu lachen haben, ist eine alte Streitfrage, die durch dieses Taschenbuch als endgültig gelöst angesehen werden kann. Jahrelang hat der bekannte holländische Zeichner Marcus außerirdisches Verhalten beobachtet und augenzwinkernd in seinen Cartoons festgehalten. Das Geheimarchiv des Vatikans würde ihn um diese Sammlung beneiden. Aus Anlaß ihres Taschenbuchjubiläums kann die Redaktion der Herderbücherei jetzt ihren Lesern die trefflichsten Situationsbilder, entstanden zwischen Konzilsaula und himmlischem Fußballstadion, zugänglich machen. Was sich hier über den Wolken abspielt – es ist wirklich zum Lachen.

Über den Autor

Der in Amsterdam geborene und in Nijmegen lebende Kunsterzieher Fred Marcus (Jahrgang 1933) karikiert seit mehr als 25 Jahren seine lachende und weinende Kirche. Seine Devise: Lieber mal im Schatten stehen und zusehen als auf Konfrontation gehen. Seine Zeichnungen werden in fast allen europäischen Ländern und auch in Amerika publiziert.

FRED MARCUS

FC Himmel
gegen
FC Hölle

Gelächter
über den Wolken

Vorwort von Karl Heinz Pfeiffer

Herderbücherei

Veröffentlicht als Herder-Taschenbuch
Umschlaggrafik: Fred Marcus

Herder Freiburg · Basel · Wien
Herstellung: Freiburger Graphische Betriebe 1987
ISBN 3-451-08380-9

Lieber Fred Marcus!

Du kennst mich nicht, ich kenne Dich aber schon lange, und darum schreibe ich Dir einen Brief. Wer ich bin? Ich heiße Humoriel, bin ein kleiner Engel, kein Seraph und kein Cherub, sondern nur der Notenwart im 11. Chor der himmlischen Erzengel. Meine Freundin, die kleine heilige Theresia von Lisieux – sie nennt mich manchmal zärtlich Herzengel, weil ich kein Erzengel bin und sein kann –, hat mir erzählt, daß Du ein neues Buch mit humorigen Bildern gemacht hast. Ich habe es schon gesehen. Du staunst, wie ein „englisch-himmlischer" Notenwart an solch irdische Medien herankommt. Der Erzengel Gabriel, zuständig für Fernsehen und Hörfunk im Himmel, hat mir erlaubt, die Seiten Deines Buches während der Druckarbeiten im Herder-Verlag mit unserer Videokamera aufzuzeichnen. Mit meiner Freundin Theresia und dem guten „Philippchen" – im Katalog der heilig-römisch-katholischen Kirche heißt er Sanctus Philippus Neri – haben wir uns die Aufzeichnung angeschaut. Es war gerade ein Ruhetag für den 11. Chor der Erzengel. Sie sind dabei, dauernd neue Begrüßungsgesänge für die von Eurem Heiligen und eiligen Vater Johannes Paul II. „zur Ehre der Altäre Erhobenen" zu proben. Selbst so mächtig tönenden, engelstarken Himmelskantoren geht manchmal die Luft aus, und auch sie müssen hie und da schnaufen und verschnaufen.

Wie haben wir uns über die Videoaufzeichnung gefreut! Das alte Philippchen lachte dröhnend vom Baß über Bariton bis zum schallenden Tenor. Theresia lachte wie immer mit dem Herzen, vollschwingend und klingend, einer Morgenglocke gleich an einem Frühlingstag, und ich lache wie eine freche, irdische Spottdrossel, behauptet Theresia. Also, der Philipp war von Deinem Buch „FC Himmel gegen FC Hölle“ so begeistert, daß er sofort, wie er es in seinem 80jährigen Leben oft getan hat, einen Kommentar zum Thema „Lachender Himmel und lachende Kirche“ improvisierte. Ich habe diesen Kommentar auf Tonband mitgeschnitten. Weißt Du, daß unter meinem rechten Flügel ein Tonband installiert ist? Das schalte ich manchmal ein, zum Beispiel, wenn Maria, die Mutter Gottes, aus der Kindheit und Jugend Jesu erzählt. Dann singt sie öfter mit ihrer warmen und zarten Stimme Wiegen- und Kinderlieder, nicht im strengen Latein wie viele Chöre der Seraphinen und Cherubinen, sondern in ihrer aramäischen Muttersprache.

Ich habe also Philipps Kommentar aufgezeichnet und die heilige Theresia gebeten, daß sie auf einem ihrer irdischen Ausflüge das Band mitnehmen solle. Du mußt wissen, Theresias überirdisches Glück besteht darin, daß sie für viele Christen auf Erden eine stille und ständige Wegeleiterin und -begleiterin ist. Sie hat ihre himmlische Seligkeit einmal so formuliert: „Ich will meinen Himmel damit verbringen, auf Erden Gutes zu tun. Ich kann mir kein Freudenfest gönnen. Solange es Menschen zu helfen und zu retten gilt, kann ich nicht ruhen. Aber wenn der Engel gesagt hat, die Zeit ist nicht mehr, dann werde ich mich ausruhen und mich freuen.“

Theresia packte also das Band in ihre schmale Tragetasche und teilte die Worte unseres „Philippchen“ einem ihrer Verehrer und Freunde mit, der sie Dir jetzt schreibt. Du bist sicher gespannt, was unserem Hofnarren Philipp Neri zum Thema „Lachender Himmel und lachende Kirche“ eingefallen ist, nachdem er Deine Bilder gesehen hatte. So lautet Pippos Text in irdischer Übertragung: „Da hat ein geschickter Sprach- und denkgewandter Italiener mit Namen Umberto Eco ein Buch gschrieben. Sein Titel heißt ‚Der Name der Rose'. Es ist ein ungewöhnliches, faszinierendes Buch, ein Kriminalroman, dessen Handlung im 14. Jahrhundert in einem heute nicht mehr bestehenden Benediktinerkloster in Oberitalien spielt. In dem Buch geht es sehr geheimnisvoll und turbulent zu: Im Kloster stirbt innerhalb von neun Tagen täglich ein Mönch. Der Franziskaner William von Baskerville, ein Zeichendeuter und Spurensucher, ist zur Vorbereitung eines Gespräches zwischen den Vertretern der kaiserlichen und päpstlichen Partei und dem Franziskanerorden in dem Kloster eingetroffen. Ihn begleitet ein junger, etwas naiver Novize mit Namen Adson von Melk. William ahnt, daß im Kloster allerhand geheime Gänge, Vorgänge, Verschwörungen, aber auch unbekannte und wertvolle Bücher verborgen sind. Mit Adson geht er an einem Nachmittag in das Skriptorium, das ist der Schreibsaal des Klosters. Dort erscheint ein alter, knorriger und galliger Mönch: Jorge von Burgos. Er hat das Augenlicht verloren und läßt sich mit William in einen Disput über das Lachen ein. Jorge, hart und herrisch wie so viele altersstarre Frommen, erklärt dem jüngeren, menschlich gewordenen und gebliebenen Franziskaner: ‚Unser Jesus hat weder Komödien noch Fabeln erzählt, ausschließlich klare Gleichnisse, die uns lehren, wie wir ins Paradies gelangen, und so soll es bleiben.' ‚Ich frage mich', sagte William, ‚warum Ihr so abweisend gegen den Gedanken seid, daß Jesus gelacht haben könnte. Ich für meinen Teil halte das Lachen durchaus für ein gutes Heilmittel, ähnlich dem Baden, um die schlechten Körpersäfte und andere Leiden des Körpers zu kurieren, insbesondere die Melancholie.' ‚Das Baden ist eine gute Sache', pflichtete Jorge ihm bei, ‚selbst Thomas von Aquin empfiehlt es als Mittel gegen die Trübsal, die eine schlimme Leidenschaft sein kann, wenn sie nicht aus einem Leiden kommt, das sich durch Tapferkeit überwinden läßt. Das Baden bringt die Körpersäfte ins Gleichgewicht, das Lachen dagegen schüttelt den Körper, entstellt die Gesichtszüge und macht die Menschen den Affen gleich.' ‚Die Affen lachen nicht, das Lachen ist dem Menschen eigentümlich, es ist ein Zeichen seiner Vernunft', entgegnete William."

Ich, das fröhliche Philippchen, glaube, Jesus hat gelacht und oft auch gelächelt, und meine, daraus müßte man folgende befreiende Konsequenz ziehen: Die Welt mitsamt ihren Menschen ist weder ganz schwarz noch ganz weiß, sondern kräftig kariert. Dabei gleicht sie einem Zebra. Ist das Zebra weiß mit schwarzen oder schwarz mit weißen Streifen? Es kommt auf die Perspektive an. Wer die Welt graumeliert und graukariert sieht, gewinnt eine Tugend, die unter Christen fast ganz eingetrocknet ist: den Humor. Humor besteht nicht darin, wie ein dummes Sprichwort sagt, daß man trotzdem lacht. Humor haben heißt, hingegeben sein an Dinge, die uns umgeben, ohne sie in Weltflucht zu verachten, dennoch losgelöst sein, weil man sie nicht zu ernst nehmen darf. Humor haben heißt, sich in Frage stellen zu lassen, die eigene Figur riskieren, wissen, daß kein Mensch so geraten ist, wie er eigentlich im Schöpfungsplan Gottes ursprünglich gemeint war. Humor haben heißt, zu sich ja sagen können, so wie man jetzt ist. Wie viele Menschen sind barock und sehnen sich dauernd nach einer gotischen Körperstruktur? Wie viele wachsen ab einem bestimmten Alter in die Ost-West- und nicht in die Nord-Süd-Richtung? Wie wenige sagen dann aber nicht zu diesem Wachstumsprozeß ein kräftiges und freies Ja und stolpern statt dessen über ihre Komplexe und Hemmungen. Ich meine, das Buch von Fred Marcus ist eine humorig federnde Brücke zwischen Himmel und Erde. Von diesem literarischen Kleinkunstwerk gilt, was William von Baskerville in dem Roman „Der Name der Rose" über die Geschöpfe Gottes im allgemeinen sagt. Ich zitiere zunächst seinen lateinischen Spruch, dann die deutsche Übersetzung: „omnis mundi creatura, quasi liber et pictura, nobis est et speculum“ – (Jedes Geschöpf der Welt ist für uns gleichsam ein Buch, ein Gemälde, ein Spiegel).

So meine ich, wird das Buch „FC Himmel gegen FC Hölle“ ein fröhliches Gelächter über und unter den Wolken auslösen und den Teufel der Traurigkeit und Verzweiflung aus unserer Welt und unseren Herzen zurücktreiben, jenen hochmütigen und überernsten Teufel, der manchmal so aussieht, wie er im Vorwort zu „Der Name der Rose“ beschrieben ist: „Der Teufel ist die Anmaßung des Geistes, der Glaube ohne ein Lächeln, die Wahrheit, die niemals vom Zweifel erfaßt wird.“

Lieber Fred Marcus, ich möchte Dir für Dein gutes Buch herzlich danken, weil ich mich wirklich darüber freute. Ich möchte Dir noch ein Wort in Dein Herz und Deinen Malstift geben, das ich zu meinen Lebzeiten in Rom einmal vor römischen Pfarrern und Prälaten gesagt habe: „Skrupel und Traurigkeit, fort aus meinem Haus. Heiterer Sinn stärkt das Herz und macht uns beharrlich im guten Leben, deshalb soll der Diener Gottes immer wohlgemut sein.“

Es grüßt Dich mit einem kräftigen, humorigen
Hipphipphurra

Dein „Herzengel“ Humoriel.

EVANGELISCHE KIRCHE
SONNTAGS 8 - 9.30 - 12 UHR
KATHOLISCHE KIRCHE
SONNTAGS 7 - 8 - 9 - 10 - 11 - 12.30 UHR
24 STUNDEN SERVICE
MARCUS

LUZIFER
manager
hölle
MARCUS

PETRUS
manager
himmel

MARCUS

KOMM ZUR
HÖLLE !!

KOMM IN DEN HIMMEL !
MARCUS

HIMMEL 175 KM
HÖLLE 82 KM
HÖLLE AUF ERDE 253.625.163. KM
MARCOS

HIMMEL
WHEN THE SAINTS GO MARCHING IN
MARCUS

MARCUS
REISEN

HIMMEL
HEILIGEN SCHEINE
MARCUS

HÖLLE
EINGANG

HIMMEL
EINGANG
MARCUS

MARCUS

SIE WOLLEN POLITISCHES ASYL!
HIMMEL
MARCUS

HALLELUJA
ECHO
HALLELUJA
HALLELUJA
HALLELUJA
HALLELUJA
HALLELUJA
HALLELUJA
HALLELUJA
HALLELUJA
HALLELUJA
HALLELUJA
HALLELUJA
HALLELUJA
HALLELUJA
HALLELUJA
HALLELUJA
HALLELUJA
HALLELUJA
HALLELUJA
HALLELUJA
MARCUS

ER GEHÖRTE DEN GRÜNEN!
MARCUS

MARCUS

DALLAS!

MARCUS

MARCUS

MARCUS

MARCUS

HÖLLE
VIDEO
TIROLER
NÄCHTE

MARCUS

LANGEBER!
MARCUS

PLAY-BOY
MARCUS

SIE SIND NEU HIER !?
MARCUS

MARCUS
BAN THE BOMB
GREEN PEACE
PROTEST

MARCUS

MADE
IN JAPAN..
MARCUS

MARCUS

MARCUS

MARCUS

MARCUS

MARCUS

MARCUS

HIMMLISCHE ANZEIGER
MARCUS

MARCUS

MARCUS

MARCUS

MARCUS

MARCUS

BIBEL
MARCUS

MARCUS

HÜTE DICH VOR TASCHENDIEBEN!
MARCUS

VORSICHT TEUFEL!
MARCUS

ENGEL WITZE
TEUFEL WITZE
TEUFEL WITZE
ENGEL WITZE
MARCUS

MARCUS

HIMMEL
MARCUS

I don't ❤ JESUS
MARCUS

I ♥ JESUS

ICH ARBEITE IMMER MIT DEN ELLENBOGEN!
MARCUS

SAURER REGEN?
MARCUS

ART OF HEAVEN
VISUAL ARTS OF HEAVEN
VISUAL ARTS
MARCUS

MARCUS

MARCUS

MARCUS

MARCUS

EIS
MARCUS

HÖLLE

PSYCHIATER
MARCUS

REISE FÜHRER
MARCUS

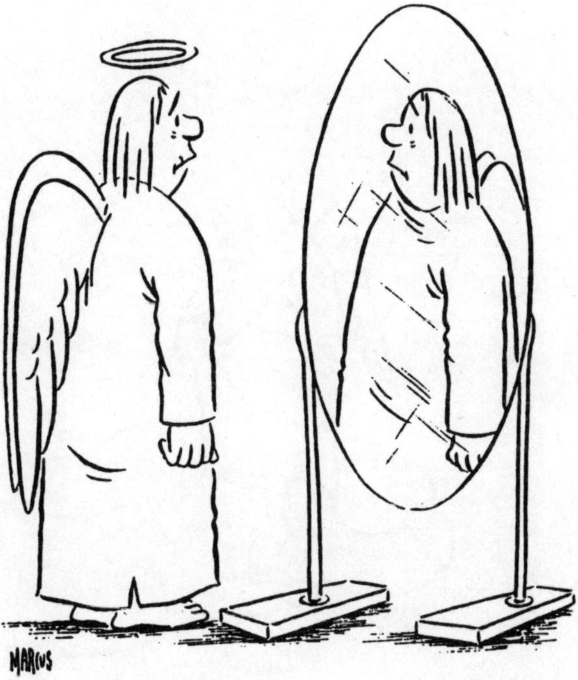
MARCUS

MARCUS

HIMMEL
HEUTE RUHETAG
MARCUS

HIMMEL
ERDE
REISEN

HIMMEL
BESETZT!

Humor und Unterhaltung

Adalbert Ludwig Balling
Unser Pater ist ein großes Schlitzohr
Humor aus den Missionen
Band 1045, 128 Seiten

Willi Fährmann
Der Hirschhornknopf im Klingelbeutel
Mit Illustrationen von Michael Becker
Band 1314, 128 Seiten

Fröhlichkeit und Frömmigkeit
Heitere Geschichten und Anekdoten
Gesammelt von Karl Rauch
und C. M. Schröder
Band 698, 128 Seiten, 3. Auflage

Johannes Harder
Und der Himmel lacht mit
Heiteres von Theologen und Theolunken
Band 927, 128 Seiten, 2. Auflage

Kurt Klinger
Ein Papst lacht
Anekdoten um Johannes XXIII.
Band 616, 128 Seiten, 5. Auflage

Herderbücherei

Humor und Unterhaltung

Henri Fesquet
Ich bin ja nur der Papst
Humor und Weisheit Johannes' XXIII.
Band 377, 128 Seiten, 12. Auflage

Johannes B. Lotz
Lachen ist eine Gabe Gottes
Von der Tugend des Humors
Band 999, 128 Seiten

Karl Heinz Pfeiffer
Gott liebt die Fröhlichen
Laßt Euch den Humor nicht nehmen!
Band 957, 128 Seiten, 2. Auflage

Werner Schaube
Lieschen M. und Mutter Kirche
Illustriert von Jules Stauber
Band 1323, 128 Seiten

Herbert Sinz
Don Camillos rheinische Brüder
Ein heiteres Brevier
Band 1296, 128 Seiten

Herderbücherei